LA CHARTE,

SA LETTRE

ET SON ESPRIT,

DÉDIÉE

A TOUS LES FRANÇAIS:

PAR E. F. H. MONCEY,

Ancien Capitaine de Chasseurs à cheval,
Chevalier de la Légion d'honneur.

« Qui veut trop avoir n'a rien. »

Avril 1819.

A TOUS LES FRANÇAIS.

Depuis que notre digne Souverain a donné à la France une loi fondamentale, les esprits n'ont point encore cessé d'être divisés sur la manière dont cette Charte doit être exécutée : les uns veulent qu'on la suive à la lettre, les autres qu'on recherche son esprit. Pour moi je suis de l'avis de Monsieur le Cardinal de la Luzerne, qui veut qu'on la suive à la lettre, et qu'on ne recourre à son esprit que lorsque la lettre n'est point assez précise.

Je vais donc ici tâcher d'entrer dans ses vues, suivre la Charte pas à pas, l'expliquer et non l'interpréter, m'en abstenir même autant que je pourrai, et quand, après la première publication de mon ouvrage, j'aurai profité des avis que je prie le public de me prodiguer, je reverrai cet ouvrage et le modifierai, s'il y a lieu, de telle sorte qu'il soit approuvé autant que possible par tout le monde, et notamment par le vénérable auteur de la Charte. Je sens que je parviendrai difficilement à mon but, et pourtant il serait désirable qu'une explication parfaite de la Charte reçût en quelque sorte force de loi, afin qu'il ne puisse plus s'élever de doutes sur sa lettre et son esprit; mais je serais par trop présomptueux de penser qu'on s'en tiendra à celle que je donne, et je ne puis que m'estimer heureux de mettre, du moins, au jour une idée utile.

LA CHARTE,
SA LETTRE ET SON ESPRIT.

« *Charte Constitutionnelle.* »

La Charte constitutionnelle est la loi fondamentale de l'État; elle détermine la forme du Gouvernement, la manière dont les lois doivent être confectionnées, et par qui, les principales attributions des autorités publiques, les principaux droits et les principaux devoirs d'un chacun.

Qu'il en soit question ou non dans la Charte, il est entendu qu'elle est inviolable pour qui que ce soit, et qu'un des premiers crimes d'État serait de violer la loi fondamentale de l'État; l'on doit d'autant plus veiller à ce qu'on ne la viole point, même sous le prétexte du plus grand bien, qu'il serait ensuite plus facile d'abuser de ce prétexte. Pour que la Charte pût subir la moindre altération, il faudrait au moins le consentement du Roi, des Chambres et des Colléges; ainsi la puissance législative ne peut en retrancher ni en modifier le moindre article, mais elle peut y ajouter de nouvelles dispositions qui ne soient pas contraires à celles qu'elle contient, de même qu'on peut donner à une loi quelconque le caractère d'inviolabilité que possède, de droit, la Charte constitutionnelle. Ce qui n'est pas déterminé par la Charte, ne peut l'être qu'en vertu d'une loi : c'est ainsi qu'une loi seule peut déterminer si les limites de la France sont immuables ou non, etc. Ce qui est déterminé par la Charte ne peut être expliqué qu'à la lettre, et en cas d'obscurité de la lettre, que de la manière la plus avantageuse au peuple et en même tems à l'État, mais en vertu d'une loi.

« *Droits publics des Français.* »

On ne prétend point que tous les droits publics des Français sont mentionnés en ce titre, mais ils ont incontestablement ceux dont il y est question ; on ne peut les leur ravir, mais on peut, en vertu d'une loi, leur en accorder d'autres qui soient en harmonie avec la Charte.

» ART. 1.er Les Français sont égaux devant la loi, » quels que soient d'ailleurs leurs titres et leurs rangs.»

Tous les Français doivent donc être traités de la même manière ; on ne peut faire pour ou contre l'un, ce qu'on ne ferait pas pour ou contre l'autre, dans les mêmes circonstances.

Les titres et les rangs ne donnent ni plus de droits à ceux qui les ont, ni moins de droits à ceux qui ne les ont pas ; ce que la loi approuve ou désapprouve à l'égard de l'un, elle l'approuve ou désapprouve à l'égard de l'autre ; les mêmes peines et les mêmes récompenses sont accordées à l'un comme à l'autre, pour les mêmes causes.

» ART. 2.e Ils contribuent indistinctement, dans la » proportion de leur fortune, aux charges de l'État. »

Ce que l'un est tenu de faire pour l'État, en raison de son revenu, l'autre est tenu de le faire également dans la proportion du sien : le Gouvernement est donc obligé de s'assurer de la situation de la fortune d'un chacun, afin de ne rien demander de plus à l'un qu'à l'autre ; et ceci doit avoir lieu non-seulement à l'égard des propriétaires et des commerçans, mais aussi à l'égard des capitalistes , sans égard aux titres ni aux rangs de qui que ce soit, non plus qu'aux communes et départemens dont ils font partie.

« Art. 3. Ils sont également admissibles aux emplois civils et militaires. »

Le pauvre comme le riche , le titré comme celui qui ne l'est pas , peuvent également obtenir un emploi civil ou militaire quelconque ; l'âge , la capacité et la moralité sont les seules conditions que l'on puisse exiger , et celui qui a le plus de mérite est toujours celui qu'on doit choisir : les lois peuvent seulement déterminer qu'elles sont les qualités requises pour chaque emploi.

« Art. 4. Leur liberté individuelle est également
» garantie , personne ne pouvant être poursuivi ni
» arrêté que dans les cas prévus par la loi, et dans
» les formes qu'elle prescrit. »

La liberté individuelle est garantie pour l'un comme pour l'autre : si l'un encoure la perte de sa liberté pour une cause quelconque , l'autre doit l'encourir également , fut-il riche ou pauvre , titré ou non, puissant ou faible. *Le Roi seul est excepté*, en raison de l'inviolabilité de sa personne. Au surplus, nul ne peut être poursuivi ni arrêté, *à plus forte raison jugé et condamné*, que dans les cas prévus par la loi et dans la forme qu'elle prescrit. Nulles circonstances ne peuvent autoriser qui que ce soit à enfreindre la loi à cet égard, et si quelqu'un , par un motif puissant d'intérêt public , ose le faire , *quelque soit le service qu'il rende, il doit être puni*, son unique récompense se trouvera dans le service rendu et dans la noble résignation avec laquelle il supportera *toute sa peine.*

» ART. 5. Chacun professe sa Religion avec une » égale liberté, et obtient pour son culte la même » protection. »

Si un Culte a lieu extérieurement comme intérieurement, tous les autres, quels qu'ils soient, peuvent avoir lieu de même, si telle est d'ailleurs la volonté de ceux qui le rendent. Au reste, chacun peut avoir telle Religion qu'il juge convenable, et c'est à la loi à faire connaître s'il est permis ou non de n'en pas avoir, ou de ne point remplir les obligations de celle que l'on a. Tous les Cultes doivent être protégés, si l'un d'eux l'est d'une manière quelconque, les autres doivent l'être également. Si on protége ceux qui tendent à propager un Culte, qui l'enseignent, ou qui en sont les Ministres, on doit agir de même à l'égard des autres Cultes ; si on accorde à un Culte, des droits, des écoles ou séminaires, des dispenses de service, de....., on doit en accorder aux autres dans la proportion du nombre de leurs adhérens.

» ART. 6. Cependant la Religion catholique, apostolique et romaine est la Religion de l'État. »

Si le Souverain doit être sacré, si des drapeaux doivent être bénis, en un mot, si une cérémonie religieuse et d'État doit avoir lieu, c'est à la Religion catholique, apostolique et romaine et à ses Ministres que l'on doit avoir recours.

» ART. 7. Les Ministres de la religion catholique,

» apostolique et romaine , et ceux des autres cultes
» chrétiens , reçoivent seuls des traitemens de l'État. »

Les Ministres d'un culte quelconque qui enseigne
à adorer le Christ , sont payés par l'État ; mais alors
le nombre des Ministres attachés à chaque Culte
doit être nécessairement fixé en raison du nombre des
adhérens à chacun d'eux. Les Ministres des autres
Cultes , quels qu'ils soient , ne peuvent prétendre à
aucun traitement de l'État. (a)

» ART. 8. Les Français ont le droit de publier
» et de faire imprimer leurs opinions en se con—
» formant aux lois qui doivent réprimer les abus
» de cette liberté. »

Ce droit est accordé à tous les Français indistinctement , et il n'est pas d'opinion , si absurde
qu'elle soit , sur la Religion , la Politique , les
Hommes d'état et leurs opérations administratives ou
législatives , qui ne puisse être publiée, pourvu qu'elle
le soit d'une manière conforme « aux lois qui doivent
» réprimer les abus de cette liberté.» Les lois doivent
donc faire connaître comment on peut abuser de
cette liberté , afin qu'on n'en abuse point , et tout
abus qui ne serait pas prévu par la loi , ne pourrait
être punissable ; parce que ce sont les seuls abus
prévus par les lois qui sont punissables, et nulle
autorité publique ne peut avoir le droit de sévir

(a) Il est pénible de songer que l'impôt fourni par tous, ne
tourne pas en toutes choses au profit de tous ; mais la loi est
positive, on doit la respecter. Il serait à désirer que l'État payât
les Ministres de tous les cultes, (le nombre de ces Ministres
étant fixé,) ou bien que chaque culte payât ses Ministres.

contre quelqu'un pour un fait quelconque que la loi ne trouve point blamable.

» Art. 9. Toutes les propriétés sont inviolables » sans aucune exception de celles qu'on appelle » nationnales, la loi ne mettant aucune différence » entr'elles. »

On est propriétaire d'une chose quand on l'a acquise d'une manière conforme aux lois qui étaient en vigueur lors de l'acquisition et « toutes les propriétés sont inviolables, » c'est assez dire au reste, la loi ne mettant aucune différence entre celles dites nationales et les autres, il n'est permis à personne d'en mettre une : on ne doit, dans aucun acte public, faire mention d'où elles proviennent, du moment qu'on les possède légalement, cela suffit.

» Art. 10. L'État peut exiger le sacrifice d'une » propriété, pour cause d'intérêt public légalement » constaté, mais avec une indemnité préalable. »

Pour que l'État puisse exiger le sacrifice d'une propriété quelconque, quel qu'en soit le possesseur, il faut qu'auparavant il soit constaté dans les formes voulues par la loi, que l'intérêt public le requiert : or l'intérêt particulier, de qui que ce soit, ne peut jamais être pris pour l'intérêt public.

Le prix de la propriété doit nécessairement en être donné et reçu avant la déposition, et ce prix doit être non-seulement d'une valeur égale à celle de la propriété exigée, il doit être tel que le propriétaire se trouve dédommagé du sacrifice qu'il est obligé de faire d'un bien auquel il attachait une valeur peut-être, même idéale ; en un mot, il doit être indemnisé, sa perte doit être compensée.

» ART. 11. Toutes recherches des opinions et » vôtes émis jusqu'à la restauration, sont interdites. » Le même oubli est commandé aux Tribunanx et » aux Citoyens. »

Ainsi l'on n'est pas plus coupable qu'un autre devant la loi, pour un crime ou délit politique, parce qu'on a émis tel vôte ou telle opinion avant la restauration. On ne doit pas plus rechercher celui qui, ayant vôté la mort du Roi, a signé en- suite l'acte additionnel, que celui qui n'étant pas né lors de la mort du Roi, a signé depuis l'acte additionnel. L'un n'est même pas moins admisible à un emploi public, que l'autre. L'oubli des opinions et vôtes émis avant la restauration, est commandé aux Tri- bunaux et aux Citoyens, nul ne peut les rappeler sans être coupable, et c'est surtout aux Tribunaux qu'il importe de faire observer un tel oubli : leurs jugemens doivent être prononcés sans égards à ces opinions et vôtes, et tous Juges, Accusateurs et Défenseurs qui se permettent de les rappeler, doivent être punis.

» ART. 12. La conscription est abolie. Le mode » de recrutement de l'armée de terre et de mer » est déterminé par une loi. »

Le mode de recrutement qui consistait à faire servir successivement tous les jeunes gens sans égard pour ceux qui s'étaient fait remplacer, ou qui étaient indispensables à leurs familles, ou qui étaient utiles à l'État d'une toute autre manière, par exemple, pour le ministère d'un culte quelconque, l'enseignement public, etc...., le mode de recrutement qui consistait à faire servir tout le monde sans un besoin urgent, est aboli.

La loi détermine le nouveau mode de recrutement de telle manière que ce soit, pourvu qu'il remédie aux inconvéniens de l'ancien, qu'il soit conforme à la justice, qu'on ne puisse en abuser, que tout le monde soit appelé indistinctement à servir, sans égard aux titres, rangs, fortunes et professions, non plus qu'aux communes et départemens, mais seulement eu égard aux besoins publics.

Cette loi peut prévoir les cas où l'on devra accorder de plus ou moins fortes levées d'hommes au Gouvernement, en sorte qu'on ne fasse la guerre qu'autant que cela sera indispensable ; elle peut même réserver à la puissance législative le droit d'accorder ou de ne point accorder une levée d'hommes extraordinaire, quand elle juge que cela n'est point nécessaire, et qu'on peut se dispenser de faire telle ou telle guerre; enfin, elle peut n'autoriser à vôter une levée d'hommes, qu'au fur et à mesure qu'elle est demandée, pourvu que le mode de faire cette levée soit d'ailleurs déterminé.

« *Formes du Gouvernement du Roi.* »

Les formes du Gouvernement du Roi étant établies par le présent titre, il ne peut y être fait aucuns changemens. Le Roi ne peut renoncer à aucuns des

droits qui lui sont dévolus, les étendre ni les res-
treindre ; enfin, il ne peut en obtenir d'autres qu'en
vertu d'une loi, et encore faudrait-il que cette loi
ne contînt aucunes dispositions contraires à la Charte.

» Art. 13. La personne du Roi est inviolable et
» sacrée. Ses Ministres sont responsables.

» Au Roi seul appartient la puissance exécutive. »

Non seulement on ne peut attenter à la sûreté du
Roi, en aucunes manières, on doit *le respecter et
le défendre*, fut-il le plus méprisable de tous les
hommes. On ne peut l'accuser d'aucune faute, on
peut seulement lui représenter qu'il en fait, et le
supplier d'y porter remède. Si, contre toute probabilité, le Roi commet un crime, fut-ce par lui-
même, ses Ministres seuls peuvent et doivent être
accusés et punis. Quoique fasse le Roi, il ne peut
être poursuivi, mais bien le Ministre qui l'a mis dans
le cas d'errer, ou qui ne l'en a pas empêché, qui
a exécuté ou fait exécuter ses ordres, les a signés
ou seulement consentis.

Rien ne se fait qu'au nom et d'après les ordres
du Roi ; mais ces ordres du Roi doivent être con-
formes aux lois, et les Ministres, non plus qu'aucunes autres autorités publiques, ne doivent les exécuter ou faire exécuter quand ils y sont contraires,
sinon ils seront poursuivis pardevant l'autorité com-
pétante et punis avec toute la rigueur des lois :
c'est d'ailleurs à la loi à déterminer positivement en
quoi consiste la puissance exécutive.

» Art. 14. Le Roi est le chef suprême de l'État,

» commande les forces de terre et de mer, déclare
» la guerre, fait les traités de paix, d'alliance et
» de commerce ; nomme à tous les emplois de
» l'administration publique, et fait les réglemens et
» ordonnances nécessaires pour l'exécution des lois
» et la sûreté de l'État. »

« Le Roi est le chef suprême de l'État : » rien
ne peut se faire dans l'État, s'il ne l'a approuvé,
ordonné ou fait ordonner, sauf toutefois ce qui est
prévu par la Constitution et par les lois conformément à elle.

« Il commande les forces de terre et de mer, »
soit en personne, soit par ceux qu'il institue à cet
effet, et nul ne peut en commander la moindre
partie sans son autorisation.

« Il déclare la guerre, » quand bon lui semble
et à qui lui plait, pour telle cause que ce soit ;
c'est à lui à savoir s'il se met ou non dans le cas de se
voir refuser les moyens de la faire. (Voyez art. 12.)

» Il fait les traités de paix, d'alliance et de com-
» merce, » et, pour celà faire, il n'a d'autre règle
à suivre que sa volonté, pourvu que ces traités ne
soient en rien contraires à la Constitution ; c'est à
lui à ne consentir à aucunes clauses onéreuses aux-
quelles la puissance législative pourrait lui refuser
les moyens de subvenir, ou à d'autres qu'elle pourrait le mettre dans le cas de ne pas remplir, si, les
trouvant désavantageuses à la France, elle trouvait
dans les attributions qui lui sont réservées, les
moyens de s'y opposer.

» Il nomme à tous les emplois de l'administration publique : » aucune autorité publique ne peut donc être instituée qu'en son nom et par ses ordres, sauf les exemptions déterminées par la Charte ; mais il n'est pas dit qu'il peut détruire telles ou telles administrations, ou les modifier, ou en instituer de nouvelles, créer de nouveaux emplois, en supprimer d'anciens, etc....: c'est à la loi à déterminer tout cela. Ce qu'il peut faire, c'est de faire prospérer les administrations publiques existantes, et de donner les emplois existans à qui bon lui semble, et il n'est pas dit, non plus, qu'ayant une fois investi quelqu'un d'un emploi, il ait le droit de le lui ôter par le fait seul de sa volonté ; c'est à la loi à déterminer s'il ne le peut qu'en vertu d'un jugement, s'il peut seulement suspendre de ses fonctions un employé public, jusqu'à ce qu'un jugement ait été rendu pour ou contre lui ; à faire connaître si de tels jugemens sont ou non de la compétence des cours d'assises, et, en tous cas, comment et par qui ils doivent être rendus. C'est aussi à la loi à faire connaître quelles sont les qualités réquises pour obtenir tel ou tel emploi ; car il s'entend de soi-même que le Roi n'a le droit d'investir d'un emploi que celui qui est dans le cas de le remplir conformément aux lois.

« Il fait les réglemens et ordonnances nécessaires » pour l'exécution des lois et la sûreté de l'État » Ces réglemens et ordonnances sont donc tels qu'il le juge convenable, pourvu qu'ils saient *nécessaires pour l'exécution des lois et la sureté de l'État*, ils ne peuvent avoir d'autre but que celà : *l'exécution des lois et la sûreté de l'État*. Ils ne peuvent vouloir *que ce que veulent les lois ;* ils ne doivent par conséquent rien modifier, rien détruire, rien changer : ceci regarde les lois, et c'est bien là un des points principaux de la responsabilité des Ministres : malheur à eux, si, plutôt que de se retirer, ils exécutent ou font exécuter *des réglemens et ordonnances* autres que ceux qui auront pour but *l'exécution des lois et la sûreté de l'État.*

« Art. 15. La puissance législative s'exerce collec-
» tivement par le Roi, la Chambre des pairs et
» la Chambre des députés des Départemens. »

Ainsi, aucune innovation, aucune modification, dans telle partie de l'administration publique que ce soit, ne peut avoir lieu, sinon de concert entre le Roi et les deux Chambres ; c'est-à-dire, en vertu d'une loi, attendu que les réglemens et ordonnance ne peuvent avoir d'autre but que *l'exécution des lois et la sûreté de l'État*, et que les lois ne peuvent être faites que collectivement par le Roi et les deux Chambres.

C'est à la loi à décider jusqu'à quel point on peut revenir sur une loi déjà en vigueur, et à prévenir les inconvéniens d'une législation qui pourrait changer tous les ans, si tel était le caprice du Gouvernement, la souplesse et l'inconséquente mobilité des Chambres.

« Art. 16. Le Roi propose la loi. »

Nul ne peut la proposer que lui : on peut seulement le supplier de la proposer, ou engager les Chambres à l'en supplier.

» ART. 17. La proposition de la loi est portée, » au gré du Roi, à la Chambre des pairs ou à » celle des députés, excepté la loi de l'impôt, qui » doit être adressée d'abord à la Chambre des » députés. »

« ART. 18. Toute loi doit être discutée et vôtée » librement par la majorité de chacune des deux » Chambres. »

Pour qu'un projet de loi puisse être converti en loi de l'État, il faut qu'il soit discuté librement dans chacune des deux Chambres, et vôté ensuite dans chacune des deux, avec la même liberté ; autrement nul ne serait tenu de s'y conformer.

« ART. 19. Les Chambres ont la faculté de supplier » le Roi de proposer une loi sur quelque objet que » ce soit, et d'indiquer ce qu'il leur paraît conve- » nable que la loi contienne. »

De la sorte, si les Ministres ne proposaient point, de la part du Roi, une loi jugée nécessaire par l'une des deux Chambres, ou s'ils en proposaient une qui parût imparfaite, cette Chambre aurait le droit non-seulement de supplier le Roi de faire telles ou telles modifications à la loi proposée ; mais aussi de le supplier d'en présenter une autre qui contint telles ou telles dispositions, ou même qui fût rédigée de la manière indiquée par la Chambre. Au surplus, le Roi ne peut-être tenu d'avoir égard à telle ou telle supplique, qu'autant qu'il le juge convenable.

2

Cet article et les deux suivans sont d'autant plus précieux qu'ils fournissent aux Chambres le moyen d'indiquer au Roi tout le bien qu'il peut faire et tout le mal qu'il peut empêcher , en même tems qu'il leur donne les moyens de remplir toutes les lacunes de la législation.

« Art. 20. Cette demande pourra être faite par
» chacune des deux Chambres , mais après avoir
» été discutée en comité secret. Elle ne sera envoyée
» à l'autre Chambre , par celle qui l'aura proposée ,
» qu'après un délai de dix jours. »

Il ne faut pas que de telles demandes puissent avoir lieu inconsidérément : c'est pourquoi elles doivent être discutées en comité secret et ne peuvent être envoyées d'une Chambre à l'autre qu'après un délai de dix jours. Il est d'ailleurs préférable que toute proposition de loi vienne directement du Roi , et s'il ne songeait point à la proposition qu'on a intention de le supplier de faire , il aurait le tems de s'en occuper pendant le délai fixé.

« Art. 21. Si la proposition est adoptée par l'autre
» Chambre , elle sera mise sous les yeux du Roi ;
» si elle est rejetée , elle ne pourra être repré-
» sentée dans la même session. »

C'est à la loi à décider si le Roi peut ou non prendre en considération une proposition rejetée par une Chambre , ou renouveler dans la même session une proposition déjà faite par lui et rejetée par les Chambres.

« Art. 22. Le Roi seul sanctionne et promulgue
» la loi. »

Soit donc qu'une loi ait été proposée d'abord par le Roi, soit qu'elle ne l'ait été qu'en vertu d'une supplique de l'une des deux Chambres, elle ne peut être sanctionnée et promulguée que par le Roi. Ce serait à la loi à décider s'il est tenu ou non de sanctionner et promulguer une loi, quand une fois elle a été acceptée par les Chambres telle qu'il l'avait proposée ; mais cette question est décidée affirmativement en raison de l'article 46.

« ART. 23. La liste civile est fixée pour toute la
» durée du règne, par la première législature assem-
» blée depuis l'avènement du Roi. »

Une fois fixée de la sorte, nulles considérations ne peuvent autoriser à l'augmenter ou diminuer avant l'avènement d'un nouveau Roi ; c'est à la loi à déterminer comment elle doit être répartie, et quels domaines peuvent y être affectés.

« *De la Chambre des Pairs.* »

« ART. 24. La Chambre des pairs est une portion essentielle de la puissance législative. »

Nulle loi ne peut être faite sans elle.

« ART. 25. Elle est convoquée par le Roi en
» même tems que la Chambre des députés des Dé-
» partemens : la session de l'une commence et finit
» en même tems que celle de l'autre. »

C'est le Roi seul qui peut convoquer la Chambre des pairs ; il ne peut le faire sans convoquer en même tems la Chambre des députés, et il ne peut ordonner la clôture de la session de l'une sans ordonner, en même tems, la clôture de la session de l'autre.

« Art. 26. Toute assemblée de la Chambre des
» pairs, qui serait tenue hors du tems de la session
» de la Chambre des députés, ou qui ne serait pas
» ordonnée par le Roi, est illicite et nulle de plein
» droit. »

Si, contre toute probabilité, un Roi osait convoquer la Chambre des pairs, sans convoquer en même tems la Chambre des députés, ou si les Pairs osaient s'assembler sans l'ordre exprès du Roi, une telle assemblée serait illicite, et tout ce qu'elle aurait fait, fut-ce pour le plus grand bien, serait regardé comme non avenu. Les Pairs qui se seraient assemblés ainsi devraient même être jugés et condamnés.

« Art. 27. La nomination des Pairs de France
» appartient au Roi. Leur nombre est illimité : il
» peut en varier les dignités, les nommer à vie ou
» les rendre héréditaires, selon sa volonté. »

Nul n'est Pair s'il n'est nommé tel par le Roi qui seul a le droit d'en nommer, et qui peut revêtir de cette dignité qui bon lui semble. Cependant il va sans dire que *les Pairs de France doivent être français* ou naturalisés tels, en vertu des lois ; autrement, une Reine qui aurait trop d'influence sur le Roi, donnerait aisément à la France une foule de Pairs étrangers, si tel était son bon plaisir.

Il n'est pas dit que le Roi puisse révoquer les Pairs qu'il a nommés ; mais au contraire, qu'il ne peut les nommer qu'à vie ou les rendre héréditaires. C'est à la loi à déterminer quelle marche doit suivre l'hérédité, si des Pairs de France qui n'ont point d'enfans mâles peuvent léguer leur Pairie à un fils naturel ou adoptif, si la Pairie, en pareil cas, est éteinte dans la famille du défunt, ou enfin si elle appartient de droit au plus proche parent mâle dans la ligne ascendante ou descendante. Au reste, comme la nomination des Pairs de France appartient au Roi, et comme c'est lui qui rend la Pairie héréditaire ou non dans les familles, son opinion doit prévaloir ici, d'autant plus que le Roi actuel est le fondateur de la Charte ; mais encore importe-t-il que cela soit déterminé irrévocablement.

Le nombre des Pairs étant illimité, le Roi peut conquérir la majorité quand il lui plaît dans cette Chambre ; mais il se gardera, sans doute, d'abuser d'un tel droit, de crainte d'engager ainsi les Chambres, les Colléges et le Peuple d'abuser de leur force ; car un abus en entraîne souvent un autre.

« ART. 28. Les Pairs ont entrée dans la Chambre
» à vingt-cinq ans, et voix délibérative à trente ans
» seulement. »

« ART. 29. La Chambre des pairs est présidée
» par le Chancelier de France, et, en son absence,
» par un Pair nommé par le Roi. »

C'est à la loi à faire connaître quels peuvent être les motifs de cette absence.

« ART. 30. Les Membres de la famille royale et
» les Princes du sang, sont Pairs par le droit de leur
» naissance ; ils siègent immédiatement après le
» Président ; mais ils n'ont voix délibérative qu'à
» vingt-cinq ans. »

C'est à la loi à dire s'ils peuvent siéger à tel âge que ce soit. Il est d'ailleurs, entendu qu'ils siégent selon l'ordre de leur naissance.

« ART. 31. Les Princes ne peuvent prendre séance
» à la Chambre que de l'ordre du Roi, exprimé
» pour chaque session par un message; à peine de
» nullité de tout ce qui aurait été fait en leur pré-
» sence. »

C'est à la loi à dire si cet ordre devra être géné-ral ou s'il pourra être individuel ; enfin, si le Roi pourra retirer la permission qu'il aura donnée, avant la clôture de la session.

« ART. 32. Toutes les délibérations de la Chambre
» des Pairs sont secrètes. »

C'est à la loi à décider jusqu'à quel point il est permis aux Pairs de rendre compte de ce qui s'y est passé : ils ont au moins le droit de publier leurs opinions personnelles ; car c'est un droit accordé indistinctement à tous les Français.

« ART. 33. La Chambre des Pairs connaît des
» crimes de haute trahison et des attentats à la sûreté
» de l'État, qui sont définis par la loi. »

C'est à la loi à faire connaître quels sont ces sortes de crimes et d'attentats. Les attentats à la vie du Souverain en font nécessairement partie ; car qui conspire contre le Chef de l'État, attente à la sûreté de l'État, aussi bien que ceux qui violent la loi fondamentale de l'État.

« ART. 34. Aucun Pair ne peut être arrêté que

» de l'autorité de la Chambre, et jugé que par elle
» en matière criminelle. »

Ainsi, avant d'arrêter un Pair, il faut en avoir
reçu l'autorisation de la Chambre des Pairs, et en
matière criminelle, seulement, il ne peut être jugé
que par elle : mais dans les autres cas, il est justi-
ciables des tribunaux ordinaires.

Il faut nécessairement excepter de la disposition
qui ne permet d'arrêter les Pairs, que de l'autorité
de la Chambre, les cas où ils seraient pris en flagrant délit, autrement, si, contre toute probabilité,
un Pair se permettait quelqu'attentat, tandis que la
Chambre ne serait pas assemblée, il y aurait pour
lui trop de sûreté, en attendant l'autorisation, il
pourrait même compromettre l'État.

« De la Chambre des Députés des Départemens. »

Ce sont des Députés des Départemens, ainsi le
territoire français reste nécessairement divisé par
départemens, nul n'a le droit de changer cette divi-
sion, et les Députés ne peuvent être nommés que
par Départemens.

« Art. 35. La Chambre des Députés sera compo-
» sée des Députés élus par les Colléges électoraux,
» dont l'organisation sera déterminée par des lois. »

Ce seront des Colléges électoraux qui nommeront
les Députés, et l'organisation de ces Colléges sera
déterminée par des lois, bien entendu, conformément à la Charte.

Il y aura des Colléges électoraux pour nommer des Députés, il n'est pas dit qu'il y en aura pour nommer des Électeurs ; ainsi il n'y aura nécessairement qu'un dégré d'élection.

« Art. 36. Chaque Département aura le même nombre de Députés qu'il a eu jusqu'à présent. »

Comme les droits des Français sont égaux, que le nombre des Députés a été fixé pour chaque Département, en raison de sa population, et que ce nombre ne doit point varier, les Départemens doivent rester constamment tels qu'ils sont ; mais le nombre des Députés ayant varié, on doit prendre le terme moyen.

« Art. 37. Les Députés seront élus pour cinq ans, et de manière que la Chambre soit renouvelée chaque année par cinquième. »

On ne peut renouveler la Chambre que par cinquième tous les ans, sauf le cas prévu par l'article 50 ; mais on ne peut, sous aucun prétexte, se dispenser de la renouveler ; ainsi, un Député ne peut siéger six ans sans être réélu.

« Art. 38. Aucun Député ne peut être admis dans la Chambre, s'il n'est âgé de quarante ans, et s'il ne paye une contribution directe de mille francs. »

Ainsi tout autre Député sera admis, pourvu qu'il soit nommé par un Collége électoral ; car cet article faisant connaître les exceptions, tous ceux qui ne se trouvent pas dans la classe de ces exceptions peuvent être nommés ; mais c'est par soi-même qu'on doit, ici comme pour être Électeur, payer l'impôt exigé, et non à l'aide des siens.

Au reste, la loi doit pourvoir au remplacement des Députés morts, démissionnaires ou doublement élus, et prendre des dispositions telles que l'État ni les particuliers ne puissent rendre illusoires les conditions prescrites, notamment en prescrivant le tems depuis lequel il faut payer l'impôt exigé, soit pour être Électeur, soit pour être Député.

« Art. 39. Si, néanmoins, il ne se trouvait pas
» dans le Département cinquante personnes de l'âge
» indiqué, payant au moins mille francs de contribu-
» tions directes, leur nombre sera complctté par
» les plus imposés au-dessous de mille francs, et
» ceux-ci pourront être élus concurremment avec
» les premiers. »

Ils pourront être élus aussi bien que les autres, on pourra même ne nommer que ceux-là.

« Art. 40. Les Électeurs qui concourent à la
» nomination des Députés ne peuvent avoir droit
» de suffrages, s'ils ne payent une contribution di-
» recte de trois cents francs, et s'ils ont moins de
» trente ans. »

Ici, encore, ce sont les cas d'exceptions qui sont déterminés, du moment qu'on ne se trouve pas dans ces cas-là, on est de droit Électeur. Il s'entend de soi-même que tout impôt perçu sur le revenu foncier ou industriel de quelqu'un, est un impôt direct.

« Art. 41. Les Présidens des colléges électoraux
» seront nommés par le Roi , et , de droit , membres
» du collége. »

C'est à la loi à décider s'il y aura un ou plusieurs
Colléges par Département , et si les Présidens étant
de droit membres du Collége , ils ne doivent pas
remplir les mêmes conditions que les autres Électeurs : dans tous les cas , ils ne peuvent être nommés
que par le Roi.

« Art. 42. La moitié au moins des Députés sera
» choisie parmi les éligibles qui ont leur domicile
» politique dans le Département. »

L'autre moitié pourra avoir son domicile en quel
lieu que ce soit , pourvu que ce soit en France.

« Art. 43. Le Président de la Chambre des Dé-
» putés est nommé par le Roi , sur une liste de
» cinq membres présentée par la Chambre. »

« Art. 44. Les séances de la Chambre sont pu-
» bliques , mais la demande de cinq membres suffit
» pour qu'elle se forme en comité secret. »

C'est à la loi à déterminer comment elle se recons-
titue en assemblée générale après s'être formée en
comité secret , si elle trouve que cela était inutile.

« Art. 45. La Chambre se partage en bureaux
» pour discuter les projets de loi qui lui ont été
» présentés de la part du Roi. »

C'est à la loi à décider en combien de bureaux
et comment ces bureaux seront organisés.

« Art. 46. Aucun amendement ne peut être fait

» à une loi , s'il n'a été proposé ou consenti par le
» Roi , et s'il n'a été renvoyé de suite dans les
» bureaux. »

Une conséquence de cet article , c'est qu'une loi
proposée par le Roi , et à laquelle les Chambres n'ont
fait aucun amendement , doit être nécessairement
sanctionnée et promulguée par le Roi ; autrement
il serait inutile de rappeler ici que le Roi a besoin
de consentir les amendemens faits aux lois par lui ,
puisqu'il serait toujours maître de sanctionner et
promulguer ou non ces lois selon sa volonté.

Il résulte aussi de cet article que la Chambre des
Pairs doit , aussi bien que la Chambre des Députés ,
être divisée en bureaux , puisqu'aucun amendement
ne peut être fait à une loi , s'il n'a été renvoyé de
suite dans les bureaux.

Il résulte encore de cet article que les Chambres
peuvent faire des amendemens , même aux projets
de lois présentés par le Roi , et la Charte ne posant
pas de bornes à leur pouvoir à cet égard , on ne
peut en poser aucunes.

« Art. 47. La Chambre des Députés reçoit toutes
» les propositions d'impôts , ce n'est que d'après que
» ces propositions ont été acceptées , qu'elles peuvent
» être portées à la Chambre des Pairs. »

« Art. 48. Aucun impôt ne peut être établi ni
» perçu , s'il n'a été consenti par les deux Chambres,
» et sanctionné par le Roi. »

Toute autorité qui , avec ou sans ordres supérieurs,
tenterait d'établir et de percevoir le moindre im-

impôt, sans qu'il ait été consenti par les Chambres et sanctionné par le Roi dans les formes ci-dessus détaillées, serait coupable de concussion.

« ART. 49. L'impôt foncier n'est consenti que
» pour un an. Les impositions indirectes peuvent
» l'être pour plusieurs années. »

L'impôt foncier n'est consenti que pour un an, et nul prétexte n'est plausible pour violer la Charte à cet égard non plus qu'à tous autres ; mais il peut l'être pour moins d'un an, la Charte ne s'y oppose point : l'essentiel est que le ministère n'ait pas assez de facilités pour anticiper sur les revenus de plusieurs années, ce qui n'arriverait que trop souvent si l'impôt pouvait être vôté pour autant de tems qu'on voudrait. Aussi bien le Roi se trouve, par cette disposition, forcé plus efficacement que par l'article 50, de convoquer les Chambres tous les ans, et une fois convoquées, avant de s'occuper du Budget, elles peuvent supplier le Roi de proposer toutes les lois qu'elles jugent nécessaires.

« ART. 50. Le Roi convoque chaque année les
» deux Chambres, il les proroge et peut dissoudre
» celle des Députés des départemens ; mais, en ce
» cas, il doit en convoquer une nouvelle dans le
» délai de trois mois. »

Voilà le seul cas où la Chambre des Députés peut être renouvelée intégralement : sans doute le Souverain pourrait abuser du droit de dissoudre cette Chambre ; mais il y a lieu d'espérer que si, contre toute probabilité, cela arrivait, les Électeurs auraient assez d'énergie pour ne nommer jamais que des Députés dévoués au bien public et incapables de se laisser corrompre, si tel était le but du Souverain.

« ART. 51. Aucune contrainte par corps ne peut
» être exercée contre un membre de la Chambre,
» durant la session, et dans les six semaines qui
» l'auront précédé ou suivie. »

« ART. 52. Aucun membre de la Chambre ne peut,
» pendant la durée de la session, être poursuivi ni
» arrêté en matière criminelle, sauf le cas de flagrant
» délit, qu'après que la Chambre a permis la pour-
» suite. »

« ART. 53. Toute pétition à l'une ou à l'autre des
» Chambres ne peut être faite et présentée que par
» écrit, la loi interdit d'en apporter en personne et
» à la barre. »

Cet article consacre un droit précieux, celui de présenter des pétitions aux Chambres. Or, une pétition peut avoir lieu sur tel objet que ce soit. On peut donc s'adresser aux Chambres, soit pour demander telle ou telle amélioration dans l'administration publique, ou la législation, soit pour réclamer contre une injustice, soit pour dénoncer un abus d'autorité, soit pour tel autre objet que ce soit.

Mais un tel droit n'est pas donné pour qu'il soit illusoire ; les Chambres doivent donc s'assurer des faits, par tels moyens que ce soit, (c'est aux lois à faire connaître ces moyens,) et assurer l'effet des pétitions dans le plus bref délai possible, quand elles le jugent convenable. Que si un Ministre refuse de sévir contre tel ou tel coupable, il peut être poursuivi en son lieu et place, attendu qu'une autorité publique quelconque est légalement responsable de tout ce qu'elle fait, prescrit de faire ou laisse faire pouvant l'empêcher.

En matière d'amélioration dans les administrations publiques ou la législation, les Chambres doivent nécessairement avoir égard aux pétitions qui leur sont adressées, quand il doit en résulter quelque bien ; elles ne peuvent mettre la moindre indifférence dans l'examen de ces pétitions, non plus que dans les suites quelles doivent avoir ; par conséquent elles sont nécessairement revêtues d'un pouvoir suffisant pour assurer le succès des pétitions qu'elles trouvent fondées.

« Des Ministres. »

Il y a donc nécessairement des Ministres, dont au surplus le nombre et les attributions sont déterminés par la loi, attendu qu'il n'en est point fait mention dans la Charte.

« Art. 54. Les Ministres peuvent être membres
» de la Chambre des pairs et de la Chambre des
» députés. Ils ont, en outre, leur entrée dans l'une
» ou l'autre Chambre, et doivent être entendus
» quand ils le demandent. »

Selon la lettre, les Ministres peuvent être à la fois membres des deux Chambres, et peuvent siéger dans les deux ; mais il s'entend de soi-même que, cessant d'être Ministres, ils cessent d'avoir ces droits , ne peuvent plus siéger que dans la Chambre dont ils font partie , et que s'ils sont à la fois Pairs et Députés , ils cessent d'être Députés.

Au reste , s'ils doivent être entendus quand ils le demandent , ils ne peuvent, non plus que qui que ce soit, interrompre un membre qui a obtenu la parole ; car il serait illusoire d'accorder la parole à quelqu'un , si , qui que ce soit , conservait néanmoins le droit de l'interrompre. Celui qui a obtenu la parole doit être entendu , dut-il énoncer les idées les plus absurdes.

« Art. 55. La Chambre des députés a le droit
» d'accuser les Ministres et de les traduire devant
» la Chambre des pairs , qui seule a le droit de les
» juger. »

Le droit d'accuser les Ministres est attribué à la Chambre des députés seulement , car si d'autres personnes pouvaient avoir ce droit , il serait inutile de l'attribuer ici à qui que ce soit , puisque dans le cours ordinaire des choses chacun a le droit d'accuser qui que ce soit ; mais , dans tous les cas , chacun peut prier la Chambre des députés d'accuser tel ou tel Ministre , en déduisant ses motifs , et c'est à la Chambre à décider s'ils sont suffisans.

Au reste , il est entendu que c'est seulement pour faits mentionnés en la Charte , que ce droit est attribué à la seule Chambre des députés , et le droit de juger les Ministres attribué à la seule Chambre des pairs : pour les autres faits , ils sont soumis aux lois ordinaires , autrement ils pourraient commettre une foule de crimes et de délits impunément, ce qui ne peut être toléré à l'égard de qui que ce soit, sinon à l'égard du Roi, en raison de l'inviolabilité de sa Personne et de la responsabilité de ses Ministres.

« ART. 56. Ils ne peuvent être accusés que pour » fait de trahison ou de concussion : des lois parti- » culières spécifieront cette nature de délits, et en » détermineront la poursuite. »

(Voyez l'article précédent.)

Celui-ci ne peut détruire l'effet de celui qui les rend responsables des faits du Souverain. Il fait seulement connaître qu'ils peuvent être, en outre, accusés pour faits de trahison ou de concussion, par la Chambre des députés.

Si les Ministres qui sont les premiers agens du pouvoir exécutif, peuvent être accusés, à plus forte raison les agens subalternes peuvent-ils l'être : c'est à la loi à dire par qui, pourquoi et comment ils peuvent l'être, et devant quels tribunaux.

La loi spécifie les faits de trahison et de concussion, et elle doit le faire de telle sorte que les Ministres sachent positivement quand ils s'en rendent coupables ; la Chambre des députés quand elle peut les accuser, et la Chambre des pairs quand et à quelles peines elle doit les condamner.

« *De l'Ordre judiciaire.* »

« ART. 57. Toute justice émane du Roi ; elle » s'administre en son nom par des Juges qu'il nomme » et qu'il institue. »

Il doit y avoir une justice, et elle émane du Roi, ainsi, si elle n'est pas ce qu'elle doit être, il répond de ses iniquités, non devant les hommes, puisque sa Personne est inviolable pour eux, mais devant Dieu qui juge à son tour le juste et l'injuste, et il sera d'autant plus terrible à l'égard de ceux qui n'auraient pas fait rendre justice à qui elle était due, qu'ils auront eu plus de pouvoir à cet égard : tremblent donc ceux qui nomment et qui instituent les juges ; car c'est comme s'ils jugeaient eux-mêmes.

« Art. 58. Les Juges nommés par le Roi sont inamovibles. »

Ceux qui nomment et qui instituent les juges, ont d'autant plus lieu de trembler, s'ils nomment des juges iniques, qu'ils n'ont plus le droit de les révoquer, et que les iniquités de ces juges leur seront comptés comme s'ils les avaient commises eux-mêmes, qu'ils sentent du moins quelle charge ils se sont réservé et qu'ils la remplissent dignement.

« Art. 59. Les cours et tribunaux ordinaires » actuellement existans sont maintenus ; il n'y sera » rien changé qu'en vertu d'une loi. »

L'on pourra bien, en vertu d'une loi, apporter quelques améliorations dans l'organisation de ces tribunaux, mais on ne pourra les supprimer pour leur en substituer d'autres.

« Art. 60. L'institution actuelle des juges de com- » merce est conservée. »

Ce sera à la loi à décider s'il pourra y être fait quelques modifications, pourvu qu'elles ne portent aucunement sur le fond de l'institution.   3

« Art. 61. La justice de paix est également
» conservée. Les juges de paix, quoique nommés
» par le Roi, ne sont point inamovibles. »

La loi aura également à décider s'il pourra être
fait quelques modifications aux justices de paix, pourvu qu'elles ne portent point non plus sur le fond de
l'institution.

« Art. 62. Nul ne pourra être distrait de ses
» juges naturels. »

La loi a seulement à décider quels sont les juges
naturels d'un chacun dans toutes les circonstances.

« Art. 63. Il ne pourra, en conséquence, être
» créé de commissions et tribunaux extraordinaires.
» Ne sont pas comprises sous cette dénomination
» les juridictions prévotales, si leur rétablissement
» est jugé nécessaire. »

Il ne peut être créé de commissions et tribunaux
extraordinaires, c'est positif; et comme il vient d'être
fait mention des tribunaux ordinaires, il est indubi-
table que tous ceux qui ne leur ressemblent pas,
sont extraordinaires.

Les juridictions prévotales pourront être rétablies,
si cela est jugé nécessaire ; dans le doute même,
elles ne pourront jamais être rétablies, c'est d'ailleurs
à la loi à décider si elles sont nécessaires, et en ce cas
comment elles seront organisées ; car la loi seule,
je le répète, peut décider ce qui n'est point décidé
par la Charte. Il n'est point fait mention de commissions militaires pour juger les délits militaires ;
cependant il est à présumer que l'on n'a pas eu l'in-

tention de les supprimer ; c'est à la loi à prononcer.

« Art. 64. Les débats seront publics en matière
» criminelle, à moins que cette publicité ne soit
» dangereuse pour l'ordre et les mœurs, et dans ce
» cas, le déclarer par un jugement. »

Bien entendu que ce sont les juges, saisis d'une
affaire, qui doivent déclarer, par un jugement, si
la publicité de cette affaire serait dangereuse pour
l'ordre ou les mœurs : la loi a à déterminer qu'elles
affaires peuvent occasionner de tels dangers.

« Art. 65. L'institution des jurés est conservée.
» Les changemens qu'une plus longue expérience
» ferait juger nécessaire, ne pourront être effectués
» que par une loi. »

L'institution des jurés étant conservée, les changemens qu'on pourra faire, si cela est jugé nécessaire, ne pourront porter que sur les formes et non
sur le fond de cette institution ; c'est-à-dire, que
les criminels seront toujours jugés par un certain
nombre de citoyens appelés légalement pour cela,
jamais arbitrairement ; qu'ils pourront en récuser un
certain nombre à mesure qu'ils seront appelés, le
ministère public en pareil nombre, et qu'à défaut
d'une décision non équivoque de la cour d'assises,
les membres de la cour criminelle devront prononcer.

« Art. 66. La peine de la confiscation des biens
» est abolie, et ne pourra pas être rétablie. »

Il n'est rien dit de la torture, ni des supplices
lents et atroces, parce qu'ils sont abolis depuis
long-tems ; la loi devra prononcer si de tels fléaux
pourront reprendre leur cours.

Il n'est rien dit, non plus, de l'exil, ni de la déportation ; c'est à la loi à décider si des peines aussi cruelles pour les condamnés, et souvent funestes pour la Patrie, puisque ceux qui les subissent ne trouvent que trop souvent les moyens de lui susciter des ennemis, ou de prendre eux-mêmes les armes contre elle ; c'est à la loi, dis-je, à prononcer ou non l'abolition de telles peines, et à dire si elles pourront ou non être rétablies.

« ART. 67. Le Roi a le droit de faire grace et
» de commuer les peines »

Pourtant qu'il y songe bien, il aura à se reprocher le mal que pourront faire à l'État comme aux particuliers, ceux auxquels il aura remis les peines en tout ou en partie. Ce n'est, à bien prendre la chose, qu'à l'égard des coupables envers sa Personne, qu'il peut user, sans crainte, d'un si beau droit, et c'est alors seulement qu'il fera admirer, à juste titre, sa clémence. Malheur au Ministre responsable qui, le voyant abuser d'un si beau droit, ne saurait pas l'en empêcher ou se retirer.

« ART. 68. Le Code civil et les lois actuellement
» existantes, qui ne sont pas contraires à la présente
» Charte, restent en vigueur jusqu'à ce qu'il y soit
» légalement dérogé. »

On ne peut donc avoir aucun égard aux lois contraires à la présente Charte, non plus qu'à celles qui n'étaient plus en vigueur lorsque la Charte fut acquise ; mais seulement à celles qui existant alors, ne se trouvent aucunement contraires à ladite Charte ;

au reste, il ne peut être fait au code civil et à ces dernières le moindre changement qu'en vertu d'une loi, et les autres doivent être regardées comme non existantes.

« *Droits particuliers garantis par l'État.* »

« ART. 69. Les militaires en activité de service,
» les officiers et soldats en retraite, les veuves, les
» officiers et soldats pensionnés, conserveront leurs
» grades, honneurs et pensions. »

Le tout bien entendu, aux clauses et conditions établies par les lois qui étaient en vigueur lors de l'acquisition de la Charte.

« ART. 70. La dette publique est garantie, toute
» espèce d'engagement pris par l'État envers ses
» créanciers, est inviolable. »

Quelle que puisse être la dette de l'État, elle est garantie ; qu'elle augmente, qu'elle diminue, elle est toujours garantie ; et quelles que soient les obligations contractées par l'État, quelles que puissent être celles qu'il contractera, du moment qu'elles seront contractées, elles seront inviolables. Il ne pourra réduire ses dettes qu'en les payant, ni opérer les moindres retenues sur ses créanciers, quelle que soit la situation dans laquelle il se trouve.

« ART. 71. La noblesse ancienne reprend ses titres,
» la nouvelle conserve les siens. Le Roi fait des
» nobles à volonté, mais il ne leur accorde que des
» rangs et des honneurs, sans aucune exception des
» charges et des devoirs de la société. »

Le Roi fait des nobles à volonté, il peut même, annoblir toute la France ; mais quels que soient ces nobles, qu'ils soient anciens, qu'ils soient nouveaux, à titre égal, ils sont égaux, et les uns comme les autres ne peuvent prétendre à rien autre, qu'à ce à quoi peuvent également prétendre les autres citoyens. Le Roi ne leur accorde que des rangs et des honneurs qui ne peuvent porter préjudice ni à l'État, ni à un individu quelconque ; c'est à la loi à déterminer si cette noblesse est héréditaire et le mode de cette hérédité, et si, en tous cas, elle se perd du moins par une conduite blamable et par l'application de peines afflictives ou réputées infamantes par la loi, etc. ; c'est aussi à la loi à determiner si les femmes ne doivent pas jouir du privilége d'être annoblies, quand elles s'en rendent dignes. Il ne peut être institués de majorats, attendu que ce serait instituer des prérogatives, et qu'en plus ou moins de tems, une classe privilégiée posséderait tout, tendis que le peuple retomberait dans la misère et l'esclavage le plus odieux.

« Art. 72. La Légion d'honneur est maintenue ;
» le Roi déterminera les réglemens intérieurs et la
» décoration. »

Du moment qu'elle est maintenue, le but de son institution ne peut être changé, les réglemens intérieurs ne peuvent porter aucune atteinte aux droits des légionnaires, et, généralement parlant, au fond de l'institution, mais seulement aux formes. Ainsi, la décoration ne peut être accordée que pour une action courageuse quelconque, ou éminemment louable, par exemple, à un brave soldat, à un citoyen qui se sacrifie pour le bien public ou pour sauver un malheureux, qui, à ses risques et périls, dit la vérité à haute voix, etc. Les légionnaires sont aussi nécessairement nobles puisqu'ils étaient non seulement chevaliers de la légion, mais aussi chevaliers de l'Empire ; mais cette noblesse est personnelle. Les émolumens attachés à chaque titre sont aussi nécessairement conservés aussi bien que les institutions relatives à cet ordre. Quant à la décoration, le Roi l'ayant déterminée, elle ne peut plus être changée.

« ART. 73. Le Roi et ses successeurs jureront,
» dans la solemnité de leur sacre, d'observer fidè-
» lement la présente Charte constitutionnelle. »

Il est donc bien entendu que la Charte constitutionnelle est inviolable ; car un serment prononcé aussi solemnellement ne peut être violé, et si le Chef de l'État ne peut porter atteinte à la Charte, nulle autorité ne pourra lui en porter, puisque si une autorité le pouvait, ce serait l'autorité législative, et que le Roi fait partie de cette autorité.

D'après cet article, il est entendu que le Roi doit être sacré ; or, comment peut-il l'être, si ce n'est par les Ministres de la religion de l'État et dans les formes établies par cette religion, c'est-à-dire, par la religion catholique, apostolique et romaine.

En vain les successeurs du Roi prétendraient pouvoir porter atteinte à la Charte : *ils n'en auraient ni le droit ni le pouvoir.*

Ils n'en auraient pas le droit ; car on ne peut

acquérir une succession quelconque qu'en remplissant les engagemens pris par celui auquel on succède : le Roi s'est engagé à maitenir la Charte , il s'y est engagé pour lui et ses successeurs ; ainsi ses successeurs doivent la maintenir , ils perdraient tous leurs droits au trône , s'ils tentaient d'y porter la moindre atteinte.

Ils n'en auraient pas le pouvoir ; car les peuples qui veulent défendre leurs droits sont d'autant plus puissans qu'ils sont soutenus par la Divinité ; or, rien n'est plus à quelqu'un que ce qu'on lui a donné , la Charte constitutionnelle a été donnée au Peuple français , elle est bien à lui , elle lui a , d'ailleurs , coûté assez cher pour qu'il tienne aux droits qu'elle consacre ; aussi ne peut-on révoquer en doute la ferme volonté qu'il a de les défendre envers et contre tous , et l'on aurait plutôt à craindre de lui voir déployer trop d'énergie s'ils étaient menacés par qui que se soit , que de le voir faiblir.

A BAR-LE-DUC,
De l'Imprimerie CHOPPIN.